**이런저런 날
머그잔에
담아 보는 행복**

이런저런 날
매그잔에
담아 보는 행복

박지연 지음

시인의 말

커피가 좋아서
커피를 마시듯 매일 일기를 쓰듯
솔직한 마음을 담아 시를 썼다

내 안에 사는
내가 만족하는 자신을 느껴야만 가치 있는 것처럼
오늘은 오늘로써 아무런 이유 없이 행복하기

사랑은 고백할 때 설레고
인생은 궁금할 때 떨리는 것처럼
나에게 묻다가 글이 되는 공식으로 풀어 썼다

어쩌다 당신이 힘든 날
이 시 한 편으로 작은 위로가 되었으면 하는 바람으로
모든 순간 글자 한 자 한 자에 마음을 녹여 냈다

글이 안 되는 삶은 없으니까
시에 옷을 입히는 작업을 게을리하지 않으며
이 시집을 읽는 당신께 진심을 다해 미리 감사드린다

2023년 12월 어느 날 시인의 말을 쓰다

시인의 말 ·································· 4

1부

순간의 계단 ···························· 14
일상 정리 ································ 15
편견 깨기 ································ 16
유통기한 ································· 17
다양한 감정 ···························· 18
검색 ·· 19
자존심 ···································· 20
관점 차이 ································ 21
시간은 참고 사항 ···················· 22
짧게 지나가는 생각 ················ 23
마음 길 하나 ·························· 24
이기주의자 ······························ 25
시작이 반이란 말은 ················ 26
중심 잡기 ································ 27
주문 ·· 28
세상의 장난 ···························· 29
무언의 마음 ···························· 30
미안하다 ································· 31
명심해 ···································· 32
지나가는 생각 ························ 33
어떤 하루 ································ 34

2부

농부는 믿는다 ··· 38
생각 정리 ··· 39
여름 나기 ··· 40
마음 날씨 ··· 41
인연의 순리 ·· 42
서툰 한 걸음 ·· 44
풀꽃 ··· 45
거짓말 ·· 46
일상 기록 ··· 47
내 인생 승부수 ··· 48
커피를 마시면서 ··· 49
태어난 운명은 그랬다 ····································· 50
대대손손 채널 ·· 51
비야 내리는 비야·· 52
유종의 미 ··· 53
인내의 열매 ·· 54
뭐든 적당할 때 ··· 55
너는 누구니 ·· 56
원조와 대세 ·· 57
벽의 복잡한 속내·· 58
행복 두 배 ·· 59

3부

실패한 경험으로 성공시켜라 ······ 62
그리움으로 하겠습니다 ······ 63
심리학의 법칙 ······ 65
정말 그럴까 ······ 66
첫눈 내리는 날의 생각 ······ 67
오늘의 승자 ······ 68
인생 문제 ······ 69
세월의 나이는 잊어라 ······ 70
나이에 맞는 삶 ······ 71
감사하는 행복 ······ 72
인생은 하나 ······ 73
파리만 모르는 군기 ······ 74
서툰 삶 ······ 75
모호한 꿈 ······ 76
내 마음의 자유 ······ 77
강펀치 한 방 ······ 78
버려야 할 오지랖 ······ 79
불청객 ······ 80
1과 100 ······ 81
던지면 돌려받는 말 ······ 82
망각 시나리오 ······ 83

4부

신호등 앞에서	86
보이지 않는 것의 증거	87
진실 찾기	88
선택은 늘 오늘만 있다	89
아픈 자리	90
자투리 시간	91
미련하게	92
어른이라는 무게감	93
확인이나 확신이나	94
고백	95
비겁하게 뒤에서	96
새판을 짠다	97
어떤 날	98
같은 시간 다른 인생	99
채움과 비움	100
내일아 고맙다	101
이렇게 쓸쓸한 날엔	102
그게 인생이지	103
이 순간에 존재하자	104
속도에 연연하지 마라	106
시간의 힘	107

5부

고정 관념과 개성 ·················· 110
지뢰밭 ································ 111
사람이 좋다 ························ 113
가을이 그렇잖아 ·················· 114
친구야 ······························· 115
친구야 2 ···························· 116
산책길에서 ························· 117
다름의 기준 ························ 118
세월의 투정 ························ 119
인생 종착역 ························ 120
웃음 명세서 ························ 121
얄미운 잠자리 ····················· 122
까만 콩 백설기 ···················· 123
탓 탓 탓 ···························· 124
목적 없는 방황 ···················· 125
포스트잇 ···························· 126
사람과 사람 사이 ················· 127
뭘 해도 안 될 때 ·················· 128
마지막 상념 ························ 129
머그잔에 담긴 행복 ··············· 130
미지의 너에게 ····················· 131

순간의 계단
일상 정리
편견 깨기
유통기한
다양한 감정
검색
자존심
관점 차이
시간은 참고 사항
짧게 지나가는 생각
마음 길 하나
이기주의자
시작이 반이란 말은
중심 잡기
주문
세상의 장난
무언의 마음
미안하다
명심해
지나가는 생각
어떤 하루

순간의 계단

아이가 태어나 자라면서
정해진 수순처럼 반드시 통과하며
하나씩 이뤄 가는 순간의 계단이 있다

정신적 의미의 성장
어른으로 성숙해 가는 과정
그 처음 순간엔 늘 감동이 있다

옹알옹알 말을 시작하고
아장아장 걸음마를 떼고
첫 입학 사춘기 첫사랑 같은

계단 하나씩 오르며
벅찬 감동 달콤하게 맛보는 마시멜로처럼
가슴 뛰는 도전을 확인하는 역사적 순간이다

일상 정리

인생은 걷잡을 수 없는
소용돌이 속에서 정신 차리고
새로운 변화에 신경 쓰이다 길들여지고

시간은 앞으로 가고
뒤로 역행하지 않는 것처럼
지난 시간에 매달리면 현재는 없어

돌아올 수 없는 과거
얽매이지 않기 위해 자유는 주되
완벽하지 않아도 내가 현재의 중심인 거야

성공한 사람이 실수를 잊어버리듯
가끔 바라보는 하루가 탐탁하지 않더라도
나를 통째로 잃어버리는 일은 없어야지

편견 깨기

하루가 꼬이거든
다시 순서를 생각하고
나에게 맞게 이동하면 된다

바꿀 수 없는
기계적인 것은 그대로 따라야 하고
단순한 순서는 앞뒤 내가 정하기 나름

밥과 과일
먼저와 나중이란 편견은 깨진 지 오래
나의 흐름에 맞게 움직이는 것도 방법이다

쉽게 대처 가능한 것은
당장 결과가 달라지지 않으니
바뀐 순서대로 실행하면 된다

유통기한

시시때때로
기분 전환시켜 주는 과자는
참 사소하고 간편해서 부담 없고

무료하고 허전할 때
무심코 뜯게 되는 과자 봉지
진짜를 비우고 나면 가짜 빈껍데기

실속 채운 과거는 잊어라
펑 하고 심장이 터질 때 할 일 다 하고
더 이상 남아 있는 유통기한은 없다

다양한 감정

지지고 볶고 끓이고
튀기고 뒤집는 다양한 감정
느끼지 못하고 섞지 못하면 목석

갈등에도 반전이 있듯이
TV를 끄듯 버튼 한 번 꾹 눌러
상황 종료로 끝이 나면 좋겠지만

계획에 있지도 않은
생각의 오작동도 나타날 수 있고
해석의 오류 얼마든지 생길 수 있으니

소모적인 복잡한 감정
생각하는 시간이 필요하다는 것으로
모든 감정을 아울러 요리할 수 있음이다

검색

자판 두드려
몇 자 간결하게 입력하면
풀가동한 지식 무료로 제공한다

한 번 검색으로
궁금함을 완판시켜 주는
인간의 뇌를 장착한 해결사다

아는 만큼 길게 알려 주니
간편해서 좋지만 공부는 뒷전으로 밀리고
안일한 생각은 동네 놀이터가 될까 봐

칼같이 분리하지 못하면
마음의 여유까지 빼앗기고 밤낮 불침번
손이 고생하고 잠을 설치니 눈이 피곤하다

자존심

자신의 인격과 같은
자존심은 배려하고 지키고 버리는 것도
인정하고 이해하고 헤아리기도 어렵다

난데없이 불똥 튀면
오로지 자신만 생각하고 지키겠다는 일념
내가 나에게 해 줄 수 있는 최대의 존중이다

마음 상했을 때
남이 나를 위로해 주는 것이 아니라
나로부터 내 인격이 위로받는 것이다

세우지도 낮추지도 못하면서
그깟 자존심이 뭐라고 매일 먹는 밥에 비유하고
어이가 반 푼어치도 없는 것처럼 말은 잘한다

관점 차이

물 반 컵이 놓였다
벌써는 반이나 비웠다고 하고
아직도는 반이나 남았다고 하고

멀리서 보면 아직도고
가까이서 보면 벌써가 되니
벌써와 아직도 차이가 절묘하게 갈린다

자신이 느끼는
정도를 심리 상태로 반추하면
살아 냈거나 살아졌거나 따져서 뭐 하나

무심한 세월에
송두리째 내어준 거나
운전대를 잡고 구르는 바퀴로 살았거나

열심히 살아 냈지만
감당 못해 반쯤 내어 준 것도
바람처럼 사라진 것에 무책임한 것도

논쟁이 비정상이면 내가 없는 것 같고
그렇다고 비생산적인 것도 아닌 둘 다 이해되는
생각하는 대로 가감 없이 보이는 만큼 드러낸 것이다

시간은 참고 사항

할 일 남겨 두고
벌써 하루는 저만큼 멀리 가 있고
해결하는 시간의 노예 같은 생각이 들었다

종종 잊고 사는 건
시간은 여전히 참고 사항이라는 것
놀랍도록 현재만 정확히 알려 준다

나는 또 어떤가
나를 위해 시간을 쓴다고 하면서 나에게만 인색하고
특별히 뭔가 나를 위해 아무것도 하지 않아도 나쁘지 않다고 말이다

나를 위해 사는 법을 모르는 건지
내가 아는 지식을 남을 위해 쓰는 것이 당연한지
나보다 내 옆을 살뜰히 챙기는 것보다 더 의미 있는 건 없는 것처럼

짧게 지나가는 생각

자신을 소홀히 대하는
부정적인 생각은 얻는 것보다 잃을 것이고
긍정적이면 잃는 것보다 얻을 것이 많다

실행한 결과가 어떻든지
그 과정 하나하나에 최선을 다했다면
쏟은 시간에 깃들어 있는 나의 숨결이면 된다

내가 하는 일
다 성공해야 하는 자만심은 오만이고
자신감으로 시작했어도 끝이 작을 때도 있다

기대하는 만큼
당장 선명하게 눈에 띄지 않아도
후회하지 않으려면 끝까지 길게 봐야 한다

마음 길 하나

한눈팔지 않고
앞만 보고 똑바로 걷는다고
마지막 끝이 다 좋은 건 아니야

세월 따라
무작정 걷기만 하다
짧은 내 인생 끝날지도 몰라

양보하지 않는
세월 쏜살같이 지나가는 것은
줄곧 앞만 보고 빠르게 가기 때문이다

하나에서 열 가지
신경 쓸 곳 많은 사람은 힘들면 힘들다고
마음 길 하나 속 시원히 터놓고 쉬어 가도 괜찮아

이기주의자

언제나 그랬지
항상 너는 너만 생각하지
생각해 보니 나도 나만 생각해

안 그래야지 하면서
솔직히 내 마음이 끌리는 대로
가는 게 그게 더 인간적이잖아

그렇게 스스로
내 생각하기도 바쁘다고 나밖에 모르면서
자연스레 자청한 이기주의자가 되는 거야

나에게 주어진 자유라고
함부로 쓰는 것은 책임은 나 몰라라 하면서
무책임하게 권리만 주장하는 것과 다르지 않다

시작이 반이란 말은

꾸준함을 담보하지 않고
시작하지 말아야 할 잘못된 시작은
반이기는커녕 오히려 마이너스다

끝이 좋으면
모든 것이 다 좋은 의미를 지니게 되고
끝이 그릇되면 시작의 가치는 없어진다

그런고로
시작은 시작일 뿐이지 시작이 반이란 말은
틀렸거나 혹은 맞지 않다가 더 설득력 있지 않을까

고민하고 망설이고
머뭇거리기만 하다 접게 될까 봐
용기 부재가 아쉬워 가볍게 태어난 말이다

중심 잡기

마음의 중심이 흐트러지면
모든 것이 흔들리게 되어 있고
기본에 충실해야 바로 설 수 있다

흔들리는 중심을
바로잡기 위해서는 기울어지는 방향 따라
쉴 새 없이 움직여야 한다

겸손하게 자세를 낮추고
집중하는 합력을 한곳으로 모아
힘의 세기를 공평하게 분산시켜야 한다

따로 노는
몸과 마음이 하나로 일치하지 않으면
나 하나 중심 잡지 못한 어이없는 꼴이 된다

주문

고요한 평정심을 가지고
순간의 감정에 휘둘리지 않는
모순되지 않은 행복에 초점을 맞추고
혹시 모르는 행운도 기꺼이 주문해 봅니다

책갈피에 끼워 둔
어느 해 예쁜 단풍잎을 만나듯이
소소한 일상 한 페이지가
또 어느 날의 멋진 추억이 되듯이

왠지 말이 통하고
어려운 생각까지 풀어 줄 것 같은
내 마음마저 온통 다 읽어 줄 것 같은
버릴 것 없는 인간적인 하루를 주문해 봅니다

세상의 장난

좋은 패
보란 듯이 쥐여 주고 보여 주고
원하는 것 뭐든 다 줄 것처럼

그냥 지나칠 수 없게
눈만 돌리면 훤히 다 보이게 해 놓고
손만 뻗으면 왕창 가질 수 있게 해 놓고

세상을 속이든
세상에 속든 둘 중 하나
나를 데리고 태연하게 장난을 친다

세상에 공짜는 없지
예측할 수 없는 시간과 순간들이
뭔가를 자꾸 바꿔 가며 마음이 정해지는 게 두렵다

무언의 마음

말하지 않아도
감출 수 없는 표정 흘리게 되는
순수하고 정직한 마음도 있지 않은가

고독한 바람에
흔들려 봐야 아무 일 없었던 것처럼
그 자리 쓸쓸한 느낌도 만들어 내지 않는가

침묵한다고 해서
비밀이 될 거라는 착각은
자기만의 이기심 같은 우월함이 아니던가

무언의 마음
한구석 어디에 자리 잡고 있던
발 없는 말 천 리 길 한걸음에 가지 않던가

미안하다

미안하다
말하는 사람이나 듣는 사람이나
썩 내키지 않는 말이다

미안하다
누구나 실수하며 사는 건데
꼭 말해야 하고 굳이 들어야 할까

미안하다
잘 지내자는 양심 고백이지만
다시 하고 싶지 않은 말이다

미안하다
내 잘못 시인하고 인정하면
사는 날 언제고 갚아야 할 빚이다

돈이나 사람이나
빚은 절대로 남기지 말아야지
잘 살고 미안한 인생이 될까 봐

명심해

나이 먹지 않는 마음처럼
평생 건강만 하면 좋겠지만
지금 할 수 있는 걸 하지 못할 때도 올 거야

사랑도 삶도
나에게 나쁜 일 없을 거라 생각하지만
살다 보면 없을 것 같은 안 좋은 일도 생기잖아

건강 없으면 다 부질없는 거야
하고 싶은 일도 할 수 있을 때 하고
왜 그랬을까 하는 후회는 반드시 뒤따라온다

지나가는 생각

소중한 나를 위해
뭔가 좀 더 특별한 무엇을 해 줄까
밖으로 나가 가벼운 산책이라도 해 볼까

꽃이라도 한 송이 예쁘게 꽂아 볼까
서점에 들러 달라진 세상 구경 좀 할까
문득 궁금한 친구를 당장 찾아 나서 볼까

서로 교차하고 겹치는
수십 가지 생각 뜬구름 잡아 놓고
보고 싶다 말하려다 돌멩이 하나 슬쩍 던지고 돌아서는

그리고 아무렇지 않은 듯
아무 일 없었던 듯 나중으로 미루고
생각을 태연하게 정리하고 마무리할 때도 있다

어떤 하루

하고 싶은 것 아주 짧게 스치다 담기고
이 좋은 세상에 오히려 아무것도 하지 않는
무신경이 자신을 더 초라하게 만드는 것은 아닐까

문득 그런 생각이 든다
나에게 해 줄 수 있는데 안 하는 바보는 되지 말자
처음부터 완벽하기만 바라면 아무것도 시작할 수 없어

편해서 익숙한 것만 좋아하지 말고
지금 하지 않으면 영원히 데면데면 살고 있을 것 같은
하루는 쌓여 가는 것이지 지나가는 것이 아니라는 것도

삶은 경험이야
커다란 뭘 하겠다는 생각보다 생각지 못한 작은 것에서
시작은 더 행복한 것부터 나를 위해 더 많이 해 주기

내가 보고 듣는 것이
세상 전부인 것처럼 살지 않으며
다양한 경험 쌓지 않으면 아무것도 남지 않는다

2부

농부는 믿는다

생각 정리

여름 나기

마음 날씨

인연의 순리

서툰 한 걸음

풀꽃

거짓말

일상 기록

내 인생 승부수

커피를 마시면서

태어난 운명은 그랬다

대대손손 채널

비야 내리는 비야

유종의 미

인내의 열매

뭐든 적당할 때

너는 누구니

원조와 대세

벽의 복잡한 속내

행복 두 배

농부는 믿는다

농부는
좋은 땅에
뿌린 씨앗을 믿는다

언젠가는
당당한 존재감
확실하게 드러낼 거니까

최선을 다하고
그 후 얻어질 결과는
초연하게 하늘 뜻에 맡기고

뿌린 씨앗
때를 알아서
잘 자라 주는 것은

흘린 땀
절대 거짓말하지 않고
알찬 결실을 가져다줄 거니까

생각 정리

원수를 사랑하는 것도
자신을 잘 알아서 이해하는 것도
주어진 자유를 불평 없이 유지하기도 참 어렵다

하고 싶지 않아도 해야 하고
이해한다고 다 풀리지 않는 것도 있고
모르는 것을 알고 싶지 않은 것도 있다

스스로 알아 가는
나와 관계없는 일에 휩쓸리지 않으려면
끼어들지 말고 무신경으로 일관하면 된다

고민하는 시간도 아까우면
마주칠 때마다 지나치듯 눈을 돌리고
공부하기 싫은 수험생처럼 외면하면 된다

여름 나기

아주 뜨겁거나
정신 나가게 차갑거나
둘 다 싫으니 중간 지점 찾는다

푹푹 찌는 더운 공기
옷처럼 걸치는 여름이면
솔솔 파고드는 냉감 바람을 입는다

밤새 꽁꽁
우유를 얼려 분쇄기에 갈아서
눈꽃 빙수로 달아오른 체온을 내리고

불덩이 이기는
얼음덩이 커피에 풍덩 담가
더운 속을 오싹함으로 달랜다

마음 날씨

인생은 왜 또박또박 살아야 할까
쉬엄쉬엄 살다 지겨울 때쯤 한 일 년은 사라졌다가
다시 일 년쯤은 다른 인생도 한 번쯤 살아 보고

살아가는 인생 패턴은 비슷하니까
최소한 자기 인생은 아주 열심히 살고
남의 인생은 나와 반대로 살아도 보고

마음 변화에 따라
시시때때로 변하는 각양각색 적요한 분위기
이게 내 마음이라고 말하지 않을 뿐이야

추울 때
겉옷 하나 더 챙기는 건 당연한데
자신을 꼭꼭 감추는 것처럼 덜 투명하다 말하지 않는다

인연의 순리

어떤 인연에
스스로 끌려다니지 않으려면
내 인연 내가 바로 알아차려야 합니다

수십 번을 만나도
따로 노는 네 맘 내 맘
궁금하지 않아서 멀어지기도 합니다

남녀 사이
인연이란 몇 초 안에 결정된다고 하지만
오해와 진실은 오래 만나 봐야 압니다

친구 사이에도
분명 끌리는 인연이 오래가듯이
자석같이 끌리는 첫 만남이 정말 좋은 인연입니다

인연 같은 인연
손바닥 위에 올려놓고 훅 불었더니
뒤도 돌아보지 않고 제 갈 길 가는 스치는 인연입니다

보내도 다시 오고
떠나도 멀리 가지 못하고 되돌아오는
마음으로 어찌할 수 없는 정해진 인연입니다

서툰 한 걸음

앞으로 살아 봐야
아는 미래는 활짝 열려 있는 공간이지만
확실하게 정해진 건 아무것도 없다

다만 세상이라는
이름을 깔고 서로 어우러져 살아가지만
의문이 풀리지 않으면 동의할 수 없는 속사정도 있다

과거에 매달리면
쓸쓸한 문장 같은 표정을 남기고
돌아보는 날의 전시 흔적에 불과하다

서툰 한 걸음
미리 겁먹고 걱정하고 두려워하기보다
정말 하고 싶은 건 지금 바로 시작하면 된다

풀꽃

다소곳이 앉은
자리도 왠지 미안한지
훅 앞으로 나서지도 못하고

그렇다고 네 잘못도 아닌데
네 운명 네가 정해서 태어난 것도 아니니까
몸 사리는 그 자리 비우면 흙만 보이는 여백일 테고

단단히 마음먹고
네 세상이려니 하고 강하게 살아남아 봐
인생은 굴곡을 만들면서 성숙해진다잖아

예상치 못한
나쁜 변수가 생기더라도 네 인생 포기하지 말고
풀꽃도 예쁜 꽃이라는 걸 확실하게 증명해 주지 않겠니

거짓말

거짓말이 되려고
불쑥 튀어나온 말
거짓을 알면서 뒤집었다

진실을 방치하는
거짓말이 거짓말을
키우고 물어 나르고

절대 가릴 수 없는
손바닥으로 하늘을 가리는 것은
급한 나머지 임시방편에 불과하다

어쩌다 세상이
확 뒤바뀐다 해도
진실은 변질되지 않으니

진실을 호도하지 마라
있는 그대로 솔직해야 진실이고
주제넘게 자기 생각 가미하면 거짓말이다

일상 기록

구매한 상품이 의외로
마음에 들면 기분 좋게 리뷰를 남기듯
열심히 살아서 남기는 기록은
소소하지만 결코 사소하지 않다

잠시 하는 숨 고르기도 좋고
변해 가는 주변의 경치도 살피면서
매 순간 티 없이 맑게 살기로 하면
잠시도 소중하지 않은 순간은 없다

감당할 수 있는 눈높이
이상과 현실의 간극을 줄이면서
소중한 경험과 행복이 소멸하지 않게
있는 그대로 선명하게 잘 다듬어 수용하고

아직 어떤 누구도
시도하지 않은 신선한 캐릭터
첫 마음 그대로의 생각을 잘 살려서
솔직하게 때론 비범하게 담을 수 있어야지

어제랑 똑같이 살지 않으며
나와 맞지 않는 것에 노력할 이유 없고
내가 아닌 것은 한 마디도 섞지 않으면서
오늘의 행복을 내일의 희망과 바꾸지 않으련다

내 인생 승부수

바람을 느끼다
지나가는 계절을 실감하게 되고
세상이 주는 공짜야말로 생의 보너스다

수시로 깨달음이 되어 준
인생 문장 뒤를 돌아보는 어디쯤 거기에
생의 꽃다발이 활짝 웃고 있을지도 모른다

내가 살기 나름인
인생은 남과 비교도 경쟁도 하지 않으며
오로지 어제의 나와 오늘의 나를 비교할 뿐이다

모든 순간 뜨겁게 간절하게
쉼 없이 배우고 사랑하고 감사하면서
내 인생의 모든 걸 거는 승부수를 던지기로 한다

커피를 마시면서

산책 같은
다정한 커피를 마시면서
휴식 같은 자유를 만끽하고

나를 다 털어도 좋은 유일한 지금
편견 없는 내 안의 경계를 허물어
내 옆의 가장 가까운 나를 보고 있어

가끔씩 내가 궁금해서
좀 더 진지한 나를 만나고 싶어서
또 한 잔을 채워 두 잔의 커피를 마셔

이만큼 세월에도 나 아직 나를 몰라
늘 같은 커피를 마셔도 느끼는 향기가 다르듯이
너를 알아 가고 싶은 간절함이 현실이 될 때까지

태어난 운명은 그랬다

돈이 인생을 좌우한다면
평생 남의 돈 빌릴 일 없고 내가 쓸 만큼
채워진다고 태어난 운명은 친절하게 안심시켰다

살아온 날들을 생각해 보면
굴곡 없이 평탄했던 것이 증명된 것도 같고
점지해 준 그대로 타고난 운명은 참으로 다행이다

돈은 많을수록 좋지만
원하는 만큼은 욕심일 수 있으니 알 수 없는 운명이
그랬던 것인지 나를 위해 사는 것에 망설인 적은 없다

삶에 묻지 말고
삶의 물음에 대답할 수 있는 것은
내가 전적으로 완벽하게 책임질 때뿐이다

나의 의지로 안 되는 것은
나로 인해 어떤 영향도 미치지 않는다니
미리 정해진 운명은 정상적으로 작동하고 있다

대대손손 채널

믿거나 말거나
있거나 말거나 한 전설
진기하면 신기해서 진짜일까

내가 태어나기 이전 그 아주 먼 옛날
호랑이 담배 피우던 시절로 시작되는 기이한 이야기
괴이하기까지 하면 세상에 일어날 수 없는 이런 일이다

무서우면 괴담
풍부한 상상력이 발동하여
앞뒤 오싹하면 영혼의 장난

과장된 사실
파헤칠 수 없으니 알면서도 속고
모르면서 속아 믿어 주는 것이 이야기에 대한 예의다

증명 안 되는
불가사의 현상도 얼마든지 나타나고 있으니
재미나는 옛날 옛적은 대대손손 채널이다

비야 내리는 비야

주르륵주르륵
쏜살같이 쏟아 내는 비야
알아도 모른 척 그냥 지나가 줘

지금 이대로
나만의 무념무상의 세계도 있으니
기억도 추억도 몽땅 잠그고 싶어

후드득후드득
넌 뭘 자꾸 끄집어내고 있는지
난 또 뭘 얼마나 잘못하고 사는지

친하게 말 걸지 마
자꾸 뒤돌아보게 하지 마
텅 빈 옆 두리번거리게 하지 마

비 멍만 때리고 싶은데
내 취향 알고 저격하면 마음 약한 나는
차라리 익숙함에 속아 주는 타이밍으로 갈 거야

유종의 미

아무 일도 일어나지 않은 것은
해야 할 일을 시도하지 않은 것에 있고
목표도 실행도 없었기에 얻어 낼 결과도 없다

유종의 미
신중하게 채운 시작의 첫 단추
흐트러짐 없이 마지막 잘 채울 때까지다

이렇듯 뭔가를 하지 않으면
원하는 어떤 삶 기대할 수 없고
따분하고 무심한 시간에 있을 뿐이다

생각처럼 잘 안 되는 일을
앞에 두고 가만히 있으면 중간이라도 간다는 것은
터무니없이 말이 많을 때 실속 없이 쏟아 내는 입이다

인내의 열매

될 성싶은 나무는
떡잎부터 다름을 알려 준다는데
떡잎 없는 사람은 무엇으로 가름할까

지키고 싶은 게 많으면
채워도 부족한 게 사람 마음이라고
실력 없으면 요란한 빈 깡통 소리만 낼 뿐이다

1등만 기억하는
세상 뒤에는 2등과 꼴등이 받쳐 주고
성적순이 나오면 빼도 박도 못한다

아픔도 견디고
참을 수 없는 상황도 지나가야 끝이 나는
쓰디쓴 인내의 열매를 맛보는 중이다

뭐든 적당할 때

하늘이 쓰는 일기
어느 하나 불필요한 날씨는 없지만
좋은 것도 안성맞춤에 방점을 찍어야지

웃는 하늘이 좋아서
날마다 맑은 날만 주야장천 고집하면
세상은 사막이 되어 다 말라 죽을 것이고

언제 들어도 좋은
빗소리 곁들여 마시는 커피도 좋지만
멈추지 않고 계속되면 통제 불능 홍수다

기분 좋게 내리는
하얀 눈은 눈사람 만드는 딱 거기까지
예쁘게 봐 줄 때 더 이상 질척거리지 마라

너는 누구니

실체도 없는 것이
내 마음 느슨해진 틈으로
귀신같이 파고드는 너는 누구니

혼자일 때
옆에서 끄덕끄덕 장단 맞추며
외로우니 같이 놀아 주는 너는 누구니

아무 말 없이도
다정한 그림자로 옆에 있어 주는
왜냐고 묻고 싶은 너는 도대체 누구니

원조와 대세

뽀얗게 늘어진 가래떡
사이사이 예쁘게 색동옷 입은 가래떡
같은 처지로 나란히 누워 무슨 이야기를 할까

역사적 사명의 가치를 지니고
계절 따라 삶도 사랑도 끊임없이 달라지기를 요구하고
새로운 변화에 유행을 만들어 가는 것이 인생인데

뚝심 하나로
오랫동안 꿋꿋하게 전통 이어 오던 흰색
불변의 원칙을 가지고 불쑥 한 마디 내뱉는다
그거 아니? 누가 뭐라 해도 내가 원조라는 거

그 한마디에 밀릴세라
툭 내던지듯 야심 찬 방어 한 마디
그거 아니? 보기 좋은 떡이 먹기도 좋다고
지금은 누가 뭐라 해도 예쁜 내가 대세라고 큰소리친다

벽의 복잡한 속내

두툼한 벽을 뚫으려는
기세등등 드릴과 한 판 힘겨루기
한 치 앞 모르는 순간에 직면하고

벽의 복잡한 속내는
못 하나 방어하지 못하면
가림막에 멀쩡한 두 눈이 멀고

결국 올 것이 온 것처럼
과도한 압박감에 시달리다
속 탈탈 털려 나오는 허무의 분자들

맥없이 추락하고서야
비집고 들어설 흔적의 틈새
못 하나 턱 걸리고 벽도 못도 안정을 되찾았다

행복 두 배

무슨 일인지
가뿐하게 일어나 보니 이른 새벽
냉혹한 시간이 돈이면 몇 시간의 돈을 벌었습니다

쥐 죽은 듯
다들 깊이 잠든 시간
알콩달콩 혼자 마음의 여유를 부립니다

늦은 평상시보다
좀 더 일찍 일어난 것뿐인데
조금 먼저 오늘을 맞이한 것뿐인데

미리 보는 하루가
두 배로 길어질 거란 생각하고 나니
부풀어 오른 빵처럼 행복도 두 배가 됩니다

실패한 경험으로 성공시켜라
그리움으로 하겠습니다
심리학의 법칙
정말 그럴까
첫눈 내리는 날의 생각
오늘의 승자
인생 문제
세월의 나이는 잊어라
나이에 맞는 삶
감사하는 행복
인생은 하나
파리만 모르는 군기
서툰 삶
모호한 꿈
내 마음의 자유
강펀치 한 방
버려야 할 오지랖
불청객
1과 100
던지면 돌려받는 말
망각 시나리오

실패한 경험으로 성공시켜라

인생은 날마다 도전하기를 바라고
삶은 날마다 의미 있는 가치를 원하고
일상은 나에게 오늘 뭐 할 거냐 계획을 묻고

만족에 가깝지 않으면
쓸데없는 생각이 하루를 지배하고
채워도 채워지지 않는 배고픔도 있다

성공으로 가는 과정에서
실패도 하고 작게 배운 것이 있다면
돈으로 해결할 수 없는 것이 값진 경험이다

도전할 기회
다시 주어진다면 미래는 내 편으로 만들고
실패한 경험으로 반드시 성공시켜라

그리움으로 하겠습니다

사랑도 그리움도 그다지 별로이지만
둘 중 하나 반드시 선택해야 한다면
언제든 꺼내 볼 수 있는 그리움으로 하겠습니다

말도 많고 탈도 많은
믿음 주지 않으며 움직이듯 흘러가는 사랑
결국 신경 쓰이다 그리움이 되어 올 테니까

걱정돼서 화를 내는 것도 사랑인데
표현이 다르다고 눈치 보는 사랑이 될까 봐
차라리 혼자만 아는 그리움으로 하겠습니다

날마다 아끼는 배려만 하다가
함께하지 못해 아쉽다 하더라도
내 안에 존재하게 될 그리움으로 하겠습니다

처음 선택이 잘못되었다 해도
그리우면 그리운 대로 생각하겠습니다
생각나면 생각하는 그리움으로 하겠습니다

그리워한다는 것은
어떤 시간과 공간의 영역을 뛰어넘는
보고 싶을 때 쉽게 만나 주는 꽤 아름다운 감정입니다

심리학의 법칙

내 마음 내가 몰라도
그럴 수 있지 인정하고도 왠지 염려되고
비슷한 답 찾지 못하면 내가 아닌 것 같고

당황스럽다 못해
풀리지 않는 시작 어디서부터 꼬였는지
혼란스러운 마음 하나 잡지 못하면 죽을 것 같고

생각할 줄 아는 인간도
이성을 잃으면 정신 나갔다고 하고
아무 쓸모없이 더 미치면 괴물이라 한다

완전할 수 없는
인간임을 자인하면서도 착각이 겹겹이 쌓여 가는
인간의 심리는 어떤 법칙이라도 깔고 움직이는 걸까

정말 그럴까

자기만 잘되어야 하는
세상 법은 없는데 왜 남이 잘되는 걸 꼴이라 하는지
땅을 사서 가지는 것도 그 사람의 탁월한 능력인데

그게 왜 배 아플 일인가
부자 옆에 있으면 돈 버는 법을 배우고
그 하나만 가지고도 충분히 축하해 줄 일이지

그걸 모를 리 없고
잘된 사람 옆에 있으면 심기가 불편한 건가
같이 잘되고 싶은 맘이 불쑥 들켜 버린 건가

부럽다는 건 싸움에서
이미 지고 들어가는 거라지만 보이지 않는 속까지
쓸데없이 털어 대놓고 내보이는 건 너무 나간 거지

첫눈 내리는 날의 생각

한없이 눈에
가득 담아도 넘치지 않는 것은
허락된 짧은 순간을 놓치고 싶지 않기 때문이고

처음부터 끝까지
바라보는 것으로도 왠지 부족한 것은
금방 녹아내리는 순간이 두려운 것이다

해마다 첫눈이라는
가슴 두드리는 설렘은 같아도
그 의미는 조금씩 줄어드는 건 아닌지

나 몰래
첫눈이 지나갔을 때 말할 수 없는 아쉬움은
아주 특별한 행복 하나를 놓쳐 버린 건 분명해

오늘의 승자

시간은 앞과 뒤를
연결하는 전후가 있고
길게 잡으면 날마다 쓰는 역사가 된다

지나가는 시간이라고
의미 없이 주어진 것이 아니라
매 순간 새로운 과제를 위해 부과된 것이다

나를 위해
뭔가 하나라도 더 해 주고 싶은
그 마음 그대로 충실히 이행하는 자가 오늘의 승자다

인생 문제

수식 잘 대입해서
풀리는 수학 문제는 답이 나올 때까지
반박하든 논리 정연하게 순서대로 가면 되지만

풀 수 없는 인생 문제
입맛에 맞는 것만 골라 먹을 수 없다면
진지하게 고민하면서 의미심장한 해석을 내놓는 것도 답이다

세월의 나이는 잊어라

세월의 나이는 잊어라
변해 가는 모습만 보게 된다
사는 게 재미있으면 쓸쓸할 일도 없다

천천히 살아야
지금만 느낄 수 있는 향기도 맡을 수 있으니
지나간 것에 연연하여 소중한 시간 낭비하지 마라

눈에 보이는 건 있다가도 없고
진짜 이해 안 되면서 대단해 보이는 것도 있지만
마음이라도 현실에 존재하며 사는 것처럼 살아야지

나이에 맞는 삶

나이 든 어른이라는 것은
성장은 멈추고 아름답게 성숙해 가는 과정
나잇살 주름살 흰머리는 기본입니다

아름다운 시기는 잠깐이고
지금 어느 때를 지나가고 있던지
나이에 걸맞은 인생을 살아야 합니다

자연스러운 모습이 멋이니
나이를 먹는 것에 너무 아쉬워 마세요
지금은 지금에 꼭 맞는 삶이 분명 있습니다

먹은 나이 세어 가며
계산하기로 하면 손해 보는 느낌이니
살아온 세월 돌아갈 수 없어 그냥 사는 겁니다

감사하는 행복

챙기고 챙겨도 부족한 것은
감사를 모르면 행복은 없는 것이고
감사를 아끼면 행복은 있다가도 없다

인생은 때를 누리며
사는 연습이 잘 되어 있어야 하니
행복은 미래 부분으로 남겨 두는 것이 아니다

줄 때 얼른 가져야지
아낀다고 내일로 미루면 사용 불가
그 순간만 존재하고 사라지니까

감사하는 숫자가 행복 횟수
소소한 것에 감사할 줄 알아야
당연한 행복을 욕심 없이 누릴 수 있다

인생은 하나

어제 몰랐던 것을
오늘 문득 알게 되는 것은
흘러가는 세월 속에 변해 가는 건 나였다

사는데 정답이 없으면
나에게 맞는 해답이라도 내놓을 수 있는
삶으로 누릴 수 있는 단 한 번뿐인 기회잖아

어떻게 살던
내가 사는 내 인생 단 하나인데
마치 여러 개 있는 것처럼 살지 마라

파리만 모르는 군기

이마에 날아든 파리만 모른다
손을 올리지 못하는 상황이라는 걸
차려 열중쉬어 동작 그만 질서 정연 칼 각이다

남자로 태어나
피해 갈 수 없는 간이역 같은 군대
시키니 해야 하고 하지 않을 수 없어서 했고

국방의 의무
군장 멘 훈련 힘들고 고되어도
지나고 보니 꿈같이 흘러서 좋고

철들어 돌아온다는
군대에서 사람 됐나 했는데
다시 무거운 철 팔아 오리발이다

서툰 삶

살아갈 희망이 있는 한
별은 어두울수록 더 반짝이고
존재는 절망할 때 더욱 간절해지는 법

현재 나 자신을 인정하지 않으면
보다 나은 내일이 없으니 스스로 자멸하는 것과 같고
일반적인 상식이 무너지면 판단할 수 없는 상태

서툰 삶도 살다 보면
실패한 날을 버리지 않아서 오늘이 있는 것처럼
깨달음이 익숙해지면 지겨움도 슬그머니 고개를 든다

모호한 꿈

꿈에서 찾아가는 주소는
신기하게도 먼 길 돌아 한참을 걸었는데
다시 그 자리 제자리만 맴돌았어

너 가까이 갈 때까지
밤새도록 네 꿈만 꾸고 싶은데
토닥토닥 눈치 없는 빗소리 나를 깨우고

모호한 경계
방해한다면 어쩔 수 없지
꿈에서라도 널 만나고 싶었는지 몰라

무슨 일인지
오늘은 네가 반기지 않는 것 같아서
아쉽다 아쉽다 하면서 그냥 깨기로 했어

내 마음의 자유

아무 말도 하지 않으면서
내 마음 알리고 싶지 않은 것도
들키고 싶지 않다고 솔직하지 않은 것은 아니야

지나가는 마음이 자꾸 신경 쓰이고
나 혼자만 이러는 게 당연한 것도 같고
내 마음의 자유가 이렇게 복잡한 것인지 몰랐어

퇴색되지 않은
눈으로 마음으로 혼자 견디기로 한 것도
순수한 마음 그대로의 감정 속이고 싶지 않았어

강편치 한 방

삶에 충실하게 임하는 것도
자기 자신을 사랑하는 것이고
마음껏 누리면서 사는 것도
나에게 주어진 엄밀한 자격이다

실수 없이
완벽에 가깝기를 바라는 것은
더 잘해야 하는 부담 떼어 낼 수 없으니

부단한 노력도 좋지만
행복에서 한 발 멀어질지도 모르니
냉정과 열정을 품어 주는 계절처럼

내 인생 내 것이지만
쓸데없는 생각으로 재단하지 마라
작은 것에 만족하며 얻는 것도 있다

시원하게 날리는
강편치 한 방이 필요하면
여러 번의 잽을 수없이 날려야 한다

버려야 할 오지랖

슬쩍 끼어드는 훈수나
남이 하는 평가에 신경 쓰지 마라
조언이라는 허울은 추상적인 말일뿐이다

틀렸다는 건 주관적이니
타인의 생각에 선을 넘지 마라
좋아서 들어도 듣기에 따라서 쓴소리다

아무런 배려 없이
앞서가는 오지랖은 쓸데없는 참견이니
침묵할 줄 아는 것도 상대에 대한 예의다

불청객

꽃이 예뻐 한 발 더
가까이 가니 윙윙거리는 벌 떼
경고하듯 무리 지어 방해한다

벌이나 나나 꽃 찾아온 건데
불청객 대하듯 자기 구역 행세하니
꽃밭 전세 냈냐고 따져 묻고 싶은데

주위를 둘러봐도
빼곡한 사람들만 보이는데
작은 맛 보여 주겠다고 눈을 흘기니

진짜 불청객
어처구니는 너라고 쏘아붙이며
멀리서 왔으니 난 볼 건 다 보고 간다

1과 100

1을 가진 사람과
100을 가진 사람이
똑같이 사이좋게 나누면
100을 가진 사람은 1을 주고
1을 가진 사람은 100을 준 것과 같다

1개를 가지고도 나누고
행복해서 만족하는 사람이 있고
99개를 가지고도 1개를 더 가지려고
끝없는 욕심 때문에 불행한 사람도 있다

욕심인 줄 모르니 만족을 모르고
불행인 줄 모르니 행복인 줄 알고
가지는 것이 많으면 내려놓을 것이 많아 무겁고
가진 것을 계산 없이 기꺼이 나눌 때 더 많이 행복하다

던지면 돌려받는 말

의도하지 않아도
나쁜 감정 섞어 날카롭게 쏘아붙이면
총알 든 방아쇠를 잡아당기는 것과 같고

말 한마디
여과 없이 지나갔을 뿐인데
생각지도 못 한 오해가 생기고

하고 싶은 말
적당한 낱말 찾아서 상대가 듣는 말을 하고
대화가 중간에 멈추지 않으려면 이해되는 말을 한다

걸러지지 않은 말
있는 그대로 날아가면 화살이고
내가 꽂은 화살 부메랑 되어 다시 돌아온다

망각 시나리오

만일을 가정한 시나리오
그 시작은 어느 날부터 시작해서
기억해야 할 가족을 지우고 나를 지우고

내가 누군지 모를까 봐
지나간 인생의 모든 일들 흔적 하나 없이
다 지워 버리고 내 주위를 슬프게 할까 봐

밥 먹는 숟가락 젓가락
어느 손에 들어야 하는지도 모르고
혼자만 감정 없는 무표정을 하고 있을까 봐

나만 아니면 되는 게 아니라
누구나 그렇게 되고 싶어 하지 않았고
그럼에도 막상 미리 예방할 수 있는 게 없다니

언제부터인가 기억 상실이
남의 일 같지 않게 내 인생 송두리째 바꿔 버릴지도
모르는 그 어느 날의 망각이 나를 지배할까 두렵다

4부

신호등 앞에서
보이지 않는 것의 증거
진실 찾기
선택은 늘 오늘만 있다
아픈 자리
자투리 시간
미련하게
어른이라는 무게감
확인이나 확신이나
고백
비겁하게 뒤에서
새판을 짠다
어떤 날
같은 시간 다른 인생
채움과 비움
내일아 고맙다
이렇게 쓸쓸한 날엔
그게 인생이지
이 순간에 존재하자
속도에 연연하지 마라
시간의 힘

신호등 앞에서

바쁜 길 위
키 큰 신호등이 떡 버티고
오가는 길 커다란 눈으로 감시한다

무조건 달려야
건널 수 있는 거리 계산에도
신호등 눈치를 살피며 건널까 말까

결국 건너지 못하고
아쉽게 흐르는 시간은 몇 분 빨리 가려다
나쁜 일 생기면 후회는 평생 간다고

길 찾아 주는 내비게이션
의존하기보다 아는 길도 물어 가는 것은
조금 늦는 것이 더 나을 때를 생각한다

순간적 판단이
결정적 선택을 그르치지 않으려면
서두르지 말고 느긋함을 즐겨야 한다

보이지 않는 것의 증거

보이지 않는 것의 증거
대치하는 거짓과 진실 사이 공방전
어둠은 빛을 거짓은 참을 이길 수 없고

바람 앞에 촛불
죄짓고 숨이나 크게 제대로 쉴까
덮을수록 답답한 양심은 오죽할까

둘 중 한 사람은 진실 알고 있고
다른 한 사람은 알면서 속이고 있고
상식을 바라는 것조차 이리 어려워서야 되겠나

진실 찾기

시간이란 맥락에서
사건 첫 발생 순간부터 찾아가는 진실은
시간차를 두고 기억에서 각색되고 거짓이 덧칠된다

이렇듯 불안한 진실을
선명한 증거로 잡아 두기 위해 사진을 찍지만
기억은 또 다른 과거와 현실에 의해 왜곡되기도 한다

바라보는 관점이 다르고
해석을 달리 하는 압력 속에 고정되지 못하고
지속적으로 흔들리다 프레임 밖에서 멀어지기도 한다

선택은 늘 오늘만 있다

자고 일어나면
새날 새것을 데려오고
다시없는 기회의 기쁨을 누리라 한다

왈가왈부하기 싫은 뒤는
이미 일어난 일이니 지나왔고
내일은 모르겠는 대로 그냥 넘기고

오늘을 새롭게 쓰려면
어떤 공식 찾기에 매달리지 않으면서
새로운 것을 견인하는 노력을 해야 하고

중도 포기할 수 없는
현재의 나는 어디로 가야 하는지
결정해야 하는 선택은 늘 오늘만 있다

아픈 자리

가만히 견디는
눈물을 살짝 건드리기만 해도
유독 아픈 자리가 그리움 느끼게 하고

다시 어느 날엔
까맣게 잊히고 희미해진다 해도
잊기 위해 변한 건 아무것도 없는데

돌보지 않아도
살아가는 자연은 순리를 따르고
애써 피하지 않으면서 균형을 맞추고

돌아오지도 돌아갈 수도 없는
시간이 아쉽고 그리워서 아프다 해도
기대하지 않아서 쉽게 풀리는 만족감도 있다

자투리 시간

간단히 요약하는 하루는
정해진 24시간을 기준으로
빠르게 움직이며 순환하고

공식적인 9시간 일하고
잠자는 시간 적당히 조정하면
나머지가 남는 마인드 시스템이다

깨알 시간도 나누어
자신에게 몽땅 투자하는 사람이 있고
투잡이라는 부케로 바쁜 사람도 있다

초 분 단위로 이어 가는
자투리 시간 무시할 수 없는 것은
티끌 모아 태산 작은 것이 모여 큰 힘이 되니까

미련하게

가까이도 멀리도
아닌 적당한 거리 모르니
심플하게 쉽게 통해도 고민이지만
열정 쏟아부어도 닿지 않을 때가 문제다

늘 잘해 주고
한결같아서 질릴 때도 있고
할 일 미뤄 두고라도 좀 더 잘할 수 있었는데

늦은 탓을 하면
지나온 시간이 간절하기보다 왠지 허탈하고
이유가 되지 않는 것이 이유가 되기도 한다

바로 지금 현실을
미련하게 깨닫지 못 한 채 지나가면
주어진 선물 상자를 미처 열어 보지 못한 것과 같다

어른이라는 무게감

시간의 흔적 앞에서
후회는 남겨도 미련은 남기지 않는다고
가끔은 온종일 나만 생각하며 쉬어 가는 시간이고 싶다

어른이라는 무게감일까
초행길 같은 연륜의 긴장을 놓지 않으면서
주위를 더 많이 배려하고 이해해야 하는 것만 보인다

흘러가는 기억과 지나가는 시간과
스쳐 가는 유행이 완성되지 않으면
추상적이니 비현실적으로 보이기도 한다

인생은 내가 생각지 못한
실패도 하고 절망도 하고 좌절하면서
한없이 작아지는 겸손함도 내 안에 산다

확인이나 확신이나

제때 약속을 지키지 않거나
치사하게 돈이 거짓말하여 찍히는
신용 불량자는 신뢰할 수 없음의 낙인이다

신용이 쌓이지 않으면
믿어 주고 싶은 마음에도 확인이 필요하고
서류로써 더 선명한 확신을 갖고 싶어 한다

믿음이 부족해서
생기는 염려라면 알고 지나가야
더 오래가니 명확해야 할 필요도 있다

확인이나 확신이나
지켜야 할 약속을 지키지 못해 생긴 자작극
추리 소설이라도 써 가며 완성할 수밖에 없다

고백

쉽게 하는 고백은
하는 이도 조심스럽고
받는 이는 부담스럽고

어차피 해야 할
고백이라면 자신의 마음보다
상대의 마음이 확실할 때를 기다려라

자신의 마음만 믿고
성급하면 조작된 느낌 받을 수 있으니
받아 줄 준비가 되었을 때 하는 게 맞다

비겁하게 뒤에서

미리 계획하고
대놓고 치는 뒤통수 피할 수 없고
배신감 드는 발등 제대로 찍혀 봤다

심사숙고하여 내린 판단도
언제든 뒤바뀔 수 있다는 것을 전제하지만
미리 준비하고 덤비면 허물어지는 건 한순간이다

한 번 믿으면
끝까지 가는 것에 한 번도 의심하지 않았고
빼고 더하고 계산하지 않아서 당하는 것이라면

내 마음 같은
상대의 마음도 진심이라 믿었던 것이 오류라면
그럼 잘 와닿지 않는 마음은 어떻게 다뤄야 할까

한 치 거짓 없이
진부하게 묻고 또 묻게 되는 것은
미루어 짐작게 하는 방어에 가까울 뿐이다

새판을 짠다

단 한 번도
미련 닿은 후회 없었다고
그게 가능하다고 생각지 않는다

내가 누군지
정작 뭐가 더 중요하고 옳은지 생각하다 보면
자꾸 헷갈리니까 여기까지 그만 선을 긋기도 하고

너무 편해서
단순하게 생각한 것도 없지 않아 있고
다 그렇게 살겠지 하며 끝을 맺기도 한다

현실적 해석으로
내가 바라는 좋은 아이디어가 떠오르지 않아서
답답함이 흘러가면 조용히 흘려보내기도 하고

무엇을 더 담고
버려야 하는지 정말 모를 땐
완전히 판을 뒤집어 과감히 새판을 짠다

어떤 날

소박하지만 의미 있게
맞이하고 보내는 소소한 일상에서도
분명 나만이 찾을 수 있는 낭만이 있다

늘 그 자리에 있어서
궁금한 안부를 물을 수 있음에
감사하게 살아가면 행복인 것처럼

완벽하게 이해 안 되는 어떤 날은
나도 모르게 사소한 것에 목숨 걸지만
어떤 순간도 그럴 만하니 다 그럴 수 있지 한다

같은 시간 다른 인생

찰나와 같은
덧없는 시간은 한없이 차갑고 냉정하지만
계산적이지 못해 후회도 하고

초 분 시간 단위로 쪼개어
나름대로 만족하여 의미를 부여하며
오늘에 감사하는 법을 아는 사람이 있고

그렇게 살아야 하니까
도전하지 않으면 실패가 두려워
다행인 것처럼 위로로 삼는 사람도 있다

다 그렇고 그런
다 거기서 거기라고 하지만
분명 같은 시간 살고 너무 다른 인생도 있다

채움과 비움

인생은 채움과 비움을
반복하면서 깊어지고 넓어지고
높아지며 완성되어 가는 것은 아닐까

관계란 작은 소용돌이
실수하면서 서로 엉키기도 하고
다 지나고 보면 작은 점 하나에 지나지 않고

당돌하면 아는 것이 바라는 것이 되고
의식주 같은 자잘한 실천도 관심 가지니
채움과 비움이 익숙해지고 모든 것이 흥미롭다

별다른 증빙 자료 첨부하지 않아도
조율되는 수많은 생각 서로 교차하고 겹치는
내 인생 무엇을 채우고 비워야 가벼워질 것인지

내일아 고맙다

내일이 있다는 것으로
숨 고르기 할 수 있는 틈을 줘서
오늘 부족한 건 내일 더 완벽해야지

내일을 변하게 하는 오늘
아픔보다 사랑했던 순간을 기억하며
달을 품은 것처럼 위안할 수 있게 해 줘서

오늘의 용기로
내일의 희망을 떠올리면서
영원히 살 것처럼 꿈을 꾸고

오늘만 살고
내일은 죽을 것처럼 살며
슬픈 물음표에 마음을 내어 주지 않기로 한다

이렇게 쓸쓸한 날엔

아직 체념하지 못한
낙엽 몇 잎에 내 시선이 가득 머물렀어
어쩌면 내 인생 한 부분이 이럴지 생각하다가

뭐든 화려했던 날엔 아무것도 몰랐고
이렇게 쓸쓸한 날엔 아무것도 할 수가 없고
언젠가 찾아들 내 인생이라면 너무 허무하잖아

왠지 모를 마음 한구석
구멍 뚫린 막연한 허전함이 이런 것일까
순리에 맡겨도 아직 못다 한 그리움은 다 어쩌라고

아무 말도 못 하면서
그냥 다 잘될 거라는 믿음으로 이별은 해야 하고
마음 졸이게 하는 저 바람은 언제쯤 잠이 들려나

그게 인생이지

사는 게
다 그렇고 그렇다고 무심하게 보내는 하루도
나에게 늘 새롭고 특별해서 늘 소중하잖아

어느 한순간도
그냥 스쳐 지나간 의미 없는 날은 없었고
이익 없는 손실 같은 행복도 분명 있다

아프지 않아서 슬프지 않아서
그립지 않아서 보고 싶지 않아서
그게 어디 의미 있게 산다고 할 수 있겠어

날마다 인생 초보자
아프다 우울하다 잊히고 지나가면 괜찮아지고
나쁜 상황 겹쳐도 판단력으로 살아지는 게 인생이지

이 순간에 존재하자

돌아보니
회한과 아쉬움이 남는다면
이별하고 떠나 버린 사랑이다

과거에 저당 잡혀
미래에 매달리지 않으려면
오로지 평온한 현재에 집중하자

자신이 믿고 따르는
과정이나 판단엔 늘 버거운 책임이 따르지만
스스로 파 놓은 함정이 되지 않도록

원하는 결과
바로 눈에 보이지 않더라도 분명한 것은
현재 내가 원하는 것을 선택할 줄 알아야지

우울한 과거는 현재로 바꾸고
불안한 미래는 그때 가서 생각하게 되는 것은
삶은 오로지 이 순간만 이 순간의 연속으로 존재하니까

속도에 연연하지 마라

바라보는 미래
현 위치에서 잘 작동하고 있다면
달리는 속도에 급급하지 마라

물건값을 결제하고
배송이 조금 늦는다고
주문한 물건이 달라지지 않아

서두르다 실수하고
너무 성급해서 망치기도 하니
차분하게 절제된 기다림도 때론 필요하다

인생의 전반전도 중요하지만
후반전 연장전 등 언제든 제시될 수 있으니
조금 늦었다고 모자라지도 뒤쳐진 것도 아니다

시간의 힘

시간의 힘을 믿기에
말로는 깔끔하게 괜찮다 하면서
우문현답 같은 웅크린 속마음 괜찮지 않아

다투지 않으려는
두 마음 사이좋게 괜찮다 안 괜찮다
둘 다 진심인데 어떻게 골라

괜찮아도 괜찮고
안 괜찮아도 괜찮기로 한 것은
반드시 괜찮고 싶은 희망 마중물

이기고 지고
강한 척하는 주장엔 관심 없어
시간이 주는 힘이 더 세다는 걸 믿으니까

5부

고정 관념과 개성

지뢰밭

사람이 좋다

가을이 그렇잖아

친구야

친구야 2

산책길에서

다름의 기준

세월의 투정

인생 종착역

웃음 명세서

얄미운 잠자리

까만 콩 백설기

탓 탓 탓

목적 없는 방황

포스트잇

사람과 사람 사이

뭘 해도 안 될 때

마지막 상념

머그잔에 담긴 행복

미지의 너에게

고정 관념과 개성

모두가 같은 한 목소리로
틀렸다고 하는데 혼자만 맞다고 우기면서
틀에 박혀 빠져나오지 못하니
한 번 옳으면 끝까지 옳음을 고수하는 고정 관념

맘에 드는 색깔이나
예쁜 것과 평범한 것
커피를 좋아하거나 싫어하거나
선호도에 따라 갈리는 것이 개성이다

고정된 생각 중독되지 않게
좋아하는 것은 적당히 즐기는 것이니
평범하지도 특별하지 않아도 소신을 가지고
융통성 있게 적당히 버릴 줄 아는 절충이 필요하다

지뢰밭

주인 허락도 없이
마구 불리는 염치없는 나잇살
제 맘대로 일대 영역 넓히고
꼴 보기 싫다 눈총 줘도 굳세다

너를 들인 죄
365일 결심도 모자라
날마다 소식하고 운동하고
빠졌다 싶으면 요요 현상 들이대고

마음 놓을 수 없는
진짜 다이어트 적은 심리전 스트레스
주인과 타협하지 않는 살은 무서운 깡패다

숨 막히는
긴장감 탈출하지 못하니
방 빼기 전쟁은 이중고다

음식 쫙 깔린

지뢰밭엔 얼씬도 마라

실수 한 입 폭발할까 두렵다

사람이 좋다

오뉴월 뙤약볕이 무섭다고
나보다 더 많이 오래 살아서
아는 게 많은 사람은 배울 게 많아서 좋고

나보다 적게 살아서
나보다 모르는 게 많은 사람은
아는 만큼 가르쳐 줄 게 많아서 또 좋고

보여 줄 게 없고
가진 것 하나 없는 사람에게도
내가 가지지 않은 배울 점은 분명 있다

지식이 많은 사람도 좋지만
겸손하고 따스한 마음을 가진 사람이 더 좋고
가진 것이 많아서 나눌 것이 많아 또 좋은 사람

가을이 그렇잖아

내 가을은
왜 이리 보내기 힘든 거야
다 부질없는 미련 같은 건지도 몰라

가을이 그렇잖아
내가 만나고 보내는 속도보다
먼저 한 발 앞서 떠날 채비를 하며 움직이잖아

어느 날은
내 욕심으로 붙잡아 두고 싶었지만
얌전하게 가만히 있을 계절도 아닌데

인생이 그렇잖아
나에게 어찌할 힘이 없다는 것도 아는
계절도 사람도 선택할 수 없는 순간이 있잖아

친구야

생각하는 대로 멋지게 꿈을 꾸고
뭐든 다 이룰 것 같던 그 옛날 자신감 소녀는
그 꿈 아직도 키우고 있는지 아니면 줄어들고 있는지

참 빨리도 와 버린 것 같은
이쯤에서 우리는 또 무슨 생각을 하지
참 많이 살았구나 하염없이 인정하고 있으니 말이야

세월에 밀리는
못난이보다 잘난 우리가 더 잘 어울리지 않겠어
모습은 변해도 마음만은 그때를 유지하는 우리여야지

더 커지지도 작아지지도 말고
가 버린 세월이라고 아쉬워도 말고
여전히 앞으로 살아갈 날에 더 행복해야지

친구야 2

친구야
나이를 먹으면 친구밖에 없다는데
사는 데 바빠 소홀하다 소식 끊어지고

하하 호호 통통 튀던 웃음
그 옛날 우리로 돌아가서 만나고 싶어
이런 나를 위해 귀한 시간 내어 줄 수 있니

이런 생각
하루 이틀도 아니니까 절대 부담은 갖지 마
같이 있을 때 우리의 우정 더 아름답게 빛나는 것처럼

만남이 여기까지라고 해도
늘 건강하게 행복하게 잘 지내기를
무소식이 희소식인 것처럼 늘 기도해 줄 수 있는

친구란 그런 건가 봐
문득 네 생각하다 피식 웃어도 보고
너니까 잘 지낼 거라고 궁금한 마음 숨겨도 보고

산책길에서

가벼운 마음으로 나선 산책길에서
맑은 날 필요 없는 우산을 챙겼다가
자신도 모르게 잃어버리기 일쑤

느닷없이 비를 맞닥뜨리면
설마! 는 언제나 예상을 뛰어넘어 깜찍하게 훼방을 놓고
뻥 뚫린 하늘 머리에 이고 투덕거리는 비를 맞을 때

수호천사는 왜 나타나지 않는지
이런 맘 모르는 내 손에 없는 우산보다
제멋대로 일기를 쓰는 것이 어디 하루 이틀이던가

어차피 피할 수 없다면 심플하게 즐기는 거야
호랑이 장가가고 여우 시집가는 맑은 날 소나기처럼
비를 맞으며 생각해 보니 잠깐 지나가는 걱정일 뿐이다

다름의 기준

오늘은 무엇이 나를 기다릴까
기대하는 문을 열고 들어서는 순간
과거의 문은 힘없이 닫히게 되어 있다

앞만 보는
직진으로 끝을 보는 사람은
단순해서 목적지 도착이 빠르고

지난 추억 곱씹으며
조금 느리지만 여유로운 마음으로
주위를 눈여겨보는 것도 서로 다름의 기준이다

세월의 투정

가끔 세월은
나를 향해 뭐가 그리 못마땅한지
한 방 훅 치듯 밀고 들어올 때가 있어

선전포고라도 하고 싶은지
앞뒤 두서도 없이 정신 차리라고 하는데
그땐 멍해지면서 책임이 따라붙는 거야

혼내는 방법도 여러 가지
물론 무심하게 툭 던지니 받는 거지만
따끔한 가르침 매운맛 충고라 여기게 되는 거야

세월도 가끔은 답답해서
이렇게 나에게 귀여운 투정이라도 하려나 보다
뜬금없이 어설픈 것이 묘하게 위로가 되기도 한다

인생 종착역

마음 느슨해질까
다잡은 매일매일이 출발선이 되는 것은
걷는 오늘을 중도 포기할 수 없기 때문이다

도전하면서 얻는 게 있고
새로운 경로를 거쳐 갈 때마다
쉬어 가며 만날 수밖에 없는 간이역

다시 출발하기 위해
다음 정거장까지 잘 달리려면
제대로 쉬어야 제시간에 도착할 수 있다

여기가 끝이라 생각하며 사는 사람 없고
시간은 흘러 알 수 없는 언젠가 끝에 닿게 되는 종착역
그날은 멀수록 좋고 가까이 갈수록 조바심 들지도 몰라

웃음 명세서

웃을 일 있을 때만
하얗게 웃으면 재미없을 땐
어떻게 무엇으로 몇 번이나 웃을까

웃으며 행복해도 하루
인상 쓰며 화내도 하루
어차피 하루를 사는 건 똑같은데

아주 많이 별로인 순간도
애써 웃을 때 행복하다는 말과 흡사하게
의사 처방전보다 웃음 명세서 만병통치약이다

얄미운 잠자리

허공을 신나게 비행하다
잠시 쉬어 가는 풀잎 끝에 앉아
일렁일렁 한가로이 그네를 탄다

들숨 날숨 같이
더 높이 멀리 바라보는 충전 중
그 틈 가만히 두고 볼 수가 없어 즉시 행동 개시

오랫동안 미뤄 둔 숙제처럼
오늘은 너의 두 날개 후딱 낚아채고 말거야
이때다 기회를 엿보며 가만가만 다가갔지만

영리한 녀석 폴짝폴짝
어설픈 마음 받을까 말까 장난치며
잡힐까 말까 앉았다 날았다 얄밉게 애태운다

까만 콩 백설기

티 없이
눈부신 백옥 피부 질투하듯
까만 콩 점 콕콕 찍어 가며 한 몸으로 섞이고

난데없이
고소함과 달달함으로 버무린 견과류 등장
붕어빵에 붕어 없다고 백설기에 내가 빠지면 무슨 맛

피부가 희다고 검다고
나무라지 말고 다 모여 주어진 역할에 충실하면서
서로 존중하며 사이좋게 뭉치면 맛도 최고 영양도 만점

탓 탓 탓

세상은 단순하지만
미로처럼 또 복잡한 이해관계에 얽혀
너도나도 이런저런 탓에 길들어 있습니다

줄 세워 가르는
이념에 몰두한 정치판도 화나는데
탓 탓 탓만 하는 그거 이기적인 겁니다

자기 잘못은 없는 것처럼
자기 행동은 다 정상인 것처럼
상대 탓으로 몰아가기에 바쁩니다

올바른 질서의 틀을 망각하고
한 줌 배려 없이 내 생각만 하는 것은
비굴하게 아무 생각 없이 사는 겁니다

내 탓 없는 네 탓은 일방에 가까운 자기 방어이니
내가 조금 손해 보더라도 좁은 마음 서로 묻어가며
네 탓도 다 내 탓으로 돌리면 모두가 편해집니다

목적 없는 방황

침묵으로
지나온 시간의 조각들은
아직도 만져질 듯 가까운데

이유도 없이
눈물 왈칵 쏟아 낼 것 같은
애써 눌러 놓은 묵은 그리움

세월 흘렀어도
간과할 수 없는 깨달음이 있었다면
어쩌면 목적 없는 방황도 숙명일지 몰라

포스트잇

아무리 바빠도
대충 생각해서는 안 돼
중요한 메모 단번에 잘 찾아 주는 거

붙이고 싶은
위치에 가져다 놓고
살짝 누르면 찰싹 달라붙고

붙어 있을 때는
지저분한 흔적 없이
떨어질 때를 미리 생각하고

할 일 다 하면
미련 없이 깔끔하게
제거되는 임무를 지녔다

사람과 사람 사이

사람과 사람 사이
보이지 않는 선이 존재하고
이익과 손해를 계산하지 않지만
오늘의 손해가 내일의 이익이 되기도 한다

마음과 마음 사이
좋은 기억만 가지고 사는 건 아니니까
원하는 것이 무엇이든 끝없이 닿기를 바라면서

영원히 답을 주지 않아도
언제나 지루하지 않은 좋은 친구는
옆에 함께하는 것으로 힘이 되기도 하고

그러나 살다 보면
세상도 내 마음도 다 내 뜻대로 안 되고
내가 원하는 사람이 그리 많지 않다는 걸 안다

뭘 해도 안 될 때

어떻게 살아도
완전할 수 없는 인생은 미완성이라고
이 순간은 또 어떤 기억으로 남을까

버릴 것 없는
건강한 자극은 수시로 필요하고
결국 아파 봐야 사랑이라는 것을 아는 것처럼

높이 멀리만 바라보면
한 폭 그림 같은 대형 화면 즐길 수 있지만
그 반면 바로 옆 한 걸음 앞 풍경 놓치게 되니

시선을 공평하게 두고
늘 혹은 때때로 따스하고 다정한 삶의 강약이나
보통의 빠르고 느린 시선 조절이 필요하다는 걸

뭘 해도 안 될 때
뒤로 넘어져도 코가 깨지기도 하고
미련하게도 불행이 지나가 봐야 행복인 것을 안다

마지막 상념

살아 보니 인생의 보람은
주어진 행복을 놓치지 않는 것이라고
하루에 수십 번도 더 하는 생각

오늘도 어김없이
입 안 가득 퍼지는 커피 향기에
세상 교만 다 잊고 짧게 느껴 보는 행복

때때로 내면에 오가는
저항이나 갈등 속에서 겸손을 배우기도 하고
일반적인 삶의 패턴 그대로의 답습은 피하기로 한다

이런 내 마음 아는지
커피 한 잔의 여유 속에 서서히 식어 가는
오늘의 향기도 그대와 마주한 마지막 상념이 되어 온다

머그잔에 담긴 행복

커피가 좋으니까
머그잔 용량 높이까지
커피를 꾹꾹 눌러 그득하게 담는다

도무지 알 수 없는
까맣게 물들어 있는 커피 생각
그 깊은 향기에 헤어나지 못하고

자판 두드리며
쉴 새 없는 생각을 받아쓰기하다
번아웃 온 것같이 글이 안 써질 때

성급하지 않은 틈새
커피로 채우게 되는 어떤 모양이던
이런 동질감이 좋아서 추천을 누르고 싶은

바닥 드러낼까
마지막 남은 한 모금 숨처럼 비우고 나면
커피 대신 남겨진 여운 알쏭달쏭 한참을 맴돈다

미지의 너에게

가슴 뜨거운 게 뭔지
내 인생 과거를 샅샅이 뒤집어도
두고 온 세월처럼 아무것도 잡히지 않는다

가끔은 바보같이 억울하다 생각했고
너무 조심스러운 건 사치처럼 생각했기에
사랑 하나 추억 하나 그리움 하나 없는 것 같아서

늦었지만 지금이라도
추억 빼곡히 담고 싶은 미지의 너에게
나의 고정 관념 탁 깨트리고 너를 콕 찍어

따스한 추억
너와 다정하게 만들어 저장하고 싶다면
처음부터 끝까지 나와 함께해 줄래

이런저런 날 머그잔에 담아 보는 행복

초판 1쇄 발행 2023년 12월 8일

지은이 박지연
펴낸이 장길수
펴낸곳 지식과감성#
출판등록 제2012-000081호

교정 김서아
디자인 오정은
편집 오정은
검수 한장희, 이현
마케팅 김윤길, 정은혜

주소 서울시 금천구 벚꽃로298 대륭포스트타워6차 1212호
전화 070-4651-3730~4
팩스 070-4325-7006
이메일 ksbookup@naver.com
홈페이지 www.knsbookup.com

ISBN 979-11-392-1499-4(03810)
값 11,500원

- 이 책의 판권은 지은이에게 있습니다.
- 이 책 내용의 전부 또는 일부를 재사용하려면 반드시 지은이의 서면 동의를 받아야 합니다.
- 잘못된 책은 구입하신 곳에서 바꾸어 드립니다.

지식과감성#
홈페이지 바로가기